ISBN 2-203-18241-5

COMPTINES AU FIL DES JOURS

textes de Christian Merveille
illustrations de Gabriel Lefebvre

casterman

HUIT HEURES

Huit heures viennent de sonner.
Il est grand temps de se dépêcher.
Tout habillé,
Bien préparé
Cartable rangé,
Bisous donnés
Rien oublié
Pour la journée.
Il est grand temps de se dépêcher:
L'école va commencer...

RÉCRÉATION

Petit dix heures : récréation !
Une corde pour sauter,
Une chanson à chanter,
Un bonbon à sucer,
Une pomme à croquer...
Petit dix heures : récréation !
Le bon temps roule comme un ballon...

MIDI

"Il est midi ! midi ! midi ! midi !"
Et que je reste à la cantine
Ou que je rentre à la maison,
Mon ventre crie famine
Et chante sa chanson :
"Il est midi ! midi ! midi ! midi !"

NE TRAÎNE PAS

Comme dessert : un petit bisou !

Dans le sac : un petit biscuit !

Avec ça, tu as vraiment tout

Pour bien passer l'après-midi...

Mais surtout, ne traîne pas :

Une heure ne sonne qu'une fois !

Au revoir et à demain

La cloche à toute volée :
L'école est déjà terminée !
On a bien travaillé,
On s'est bien amusé.
On salue les copains :
"Au revoir et à demain !"

PAS DÉRANGER

Après quatre heures,
Ah ! quel bonheur !
Pas déranger
Trop occupé !
Chien à promener,
Beau livre à lire,
Programme télé,
Ville à construire.
Tout dessiner,
Tour à vélo,
Puis jardiner
S'il fait très beau...
Après quatre heures,
Ah ! quel bonheur !
Pas déranger,
Trop occupé !

L'HEURE DU BAIN

C'est l'heure du bain.
Ça, ça me plaît
Quand je suis canard
Dans ma baignoire.

C'est l'heure du bain.
Ça, ça me plaît
Quand je suis grenouille
Qui se débarbouille.

C'est l'heure du bain.
Ça, ça me plaît
Quand je suis poisson
Plein de savon.

C'est l'heure du bain
Je m'amuse bien.
J'y resterais
jusqu'à demain !

Les petits trésors

Il est déjà temps d'aller au lit
Mais la journée n'est pas finie.
Il y a plein de petits trésors
Qu'on voudrait partager encore :
Mille petits bisous
À se donner dans le cou,
Une très belle histoire
Pour avoir chaud dans le noir,
Une toute petite musique
Pour s'endormir plus vite
Et un gros câlin
Pour rêver jusqu'à demain.

LA NUIT GRIGNOTE LE JOUR

Chaque soir
La nuit
Grignote le jour
À dents de souris.
Et dans le noir
Ne restent
Que quelques miettes :
Les étoiles qui brillent.

LUNDI

PAR UN LUNDI...

C'est par un lundi
Que la semaine commence.
Il faut que toujours
Elle commence par un jour.
C'est par un lundi
Que la semaine commence.
C'est par un lundi
Et c'est très bien ainsi !

MARDI

LE NID DE LA SEMAINE

Après lundi,
Vient le mardi...
Ne te fais pas de souci,
C'est toujours ainsi...
Après lundi,
Vient le mardi...
Et ainsi petit à petit,
La semaine fait son nid...

MERCREDI

PETIT JOUR

Mercredi

Petit jour

Je t'aime bien

Le temps est si court.

Mercredi

Petit jour

Tu es peut-être bien

Le plus beau des jours...

Place ! Place !

Place ! Place !
Jeudi s'amène
Au milieu de la semaine…
Place ! Place !
Jeudi est là,
Ne le dérangez pas !

VENDREDI

Quand arrive le vendredi

Quand arrive le vendredi,
La semaine est presque finie...
Il y a déjà eu
Lundi et mardi,
Mercredi, jeudi
Et ça continue
Par le vendredi...
Quand arrive le vendredi,
La semaine est presque finie :
Demain c'est déjà samedi...

M
A
E
S
D
i

LE SAMEDI

Samedi ! Samedi !
Ça me dit, le samedi :
L'école est finie...

Samedi ! Samedi !
Ça me dit, le samedi,
De jouer avec mes amis...

Samedi ! Samedi !
Ça me dit, le samedi,
C'est un jour si joli...

Samedi ! Samedi !
Ça me dit, le samedi,
Je l'aime à la folie !

DIMANCHE

PAGE TOUTE BLANCHE

Pour le dimanche :
Une page toute blanche
Où je peux jouer,
Une page toute blanche
Où je peux me promener,
Une page toute blanche
Où je peux t'inviter,
Une page toute blanche
Où on pourra tout dessiner,
Une page toute blanche
Où on pourra bien s'amuser,
Une page toute blanche
Où on pourra tout inventer.

Imprimé en Belgique.
Dépôt légal mars 96; D1996/0053/104
Déposé au Ministère de la Justice, Paris
(loi n°49.956 du 16 juillet 1949 sur les publications destinées à la jeunesse).